LES BANS

DE MOISSSON, DE FAUCHAISON, DE VENDANGE

ET DE TROUPEAU COMMUN

D'APRÈS LE PROJET DE CODE RURAL

Par M. Th. DUCROCQ

CORRESPONDANT DE L'INSTITUT,
DOYEN HONORAIRE ET PROFESSEUR A LA FACULTÉ DE DROIT DE POITIERS,
ANCIEN BATONNIER DE L'ORDRE DES AVOCATS A LA COUR D'APPEL.

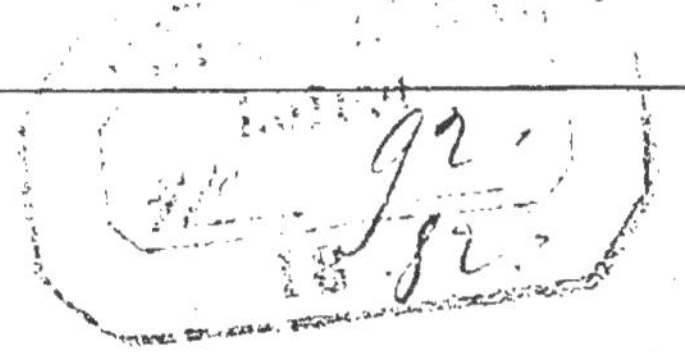

EXTRAIT DU COMPTE-RENDU

De l'Académie des Sciences morales et politiques

(INSTITUT DE FRANCE)

Par M. Ch. VERGÉ,

Sous la direction de M. le Secrétaire perpétuel de l'Académie.

PARIS

—

1882

LES BANS

DE MOISSON, DE FAUCHAISON, DE VENDANGES

ET DE TROUPEAU COMMUN

D'APRÈS LE PROJET DE CODE RURAL

Par M. Th. DUCROCQ

CORRESPONDANT DE L'INSTITUT,
DOYEN HONORAIRE ET PROFESSEUR A LA FACULTÉ DE DROIT DE POITIERS,
ANCIEN BATONNIER DE L'ORDRE DES AVOCATS A LA COUR D'APPEL.

EXTRAIT DU COMPTE-RENDU

De l'Académie des Sciences morales et politiques

(INSTITUT DE FRANCE)

Par M. Ch. VERGÉ,

Sous la direction de M. le Secrétaire perpétuel de l'Académie.

PARIS

—

1882

Au moment où les pouvoirs publics poursuivent l'élaboration d'un nouveau Code rural, il peut être utile d'examiner un point de notre législation agricole qui a résisté à toutes les transformations et maintient dans quelques parties de la France des usages antérieurs à 1789. Il s'agit des bans de vendanges et autres bans émanant des autorités municipales. Sous une apparence modeste, ces institutions surannées intéressent le grand principe de l'émancipation du sol et de la liberté des héritages, proclamé par le Code rural de 1791. Elles s'en écartent. Le but d'une loi de réforme et de progrès semble devoir être de se rapprocher de cet idéal et de le réaliser entièrement. Nous craindrions que la loi nouvelle, si le projet en discussion n'était pas modifié dans son texte actuel, n'eût au contraire, sur ce point, pour conséquence involontaire de nous en éloigner davantage.

Les neuf titres dont se composait le texte primitif du livre 1er du projet de Code rural, relatif au *régime du sol*, et soumis aux délibérations du Sénat, sont devenus neuf projets de loi distincts. Cette division du travail législatif a eu pour objet de faciliter l'accomplissement de cette grande tâche. Trois de ces projets sont devenus autant de lois nouvelles promulguées le 20 août 1881 ; elles sont relatives aux chemins ruraux, aux chemins et sentiers d'exploitation, aux clôtures, plantations et enclaves. Quatre autres parties votées par le Sénat ont été transmises à la Chambre des députés. Les autres sont encore soumises à l'examen de la haute Assemblée.

C'est l'un des projets de loi qui ont franchi cette partie de l'instruction parlementaire, et dont la Chambre des Députés est en ce moment saisie, qui traite *du parcours, de la vaine pâture et du ban des vendanges.*

Ce projet de loi ne parle que de cette sorte de bans, réglée par son article 12 ; mais il aurait pour conséquence de l'étendre, et en outre, de consacrer définitivement dans notre droit une partie des autres bans usités avant la Révolution.

L'ancienne législation de la France attribuait aux seigneurs, laïques et ecclésiastiques, le droit de fixer dans les paroisses et communautés d'habitants le moment où il était permis de commencer à chaque saison les diverses récoltes. Cette fixation du jour d'ouverture de la cueillette du raisin, de la coupe des foins, de la récolte des céréales, était l'objet d'une proclamation ordinairement faite au prône de la messe paroissiale. Des formes solennelles dont cette publication était environnée, sont venus ces termes de bans des vendanges, bans de fauchaison, bans de fenaison, bans de moisson, et, dans les pays de vaine pâture, bans de troupeau commun, obligeant à faire paître les bestiaux de la paroisse sous la garde d'un même pâtre.

Ces anciennes pratiques étaient pour nos campagnes une des applications du système réglementaire qui, dans le passé, courbait sous son joug de fer l'agriculture, le commerce et l'industrie.

Elles avaient une double origine, une double explication.

Les bans de récolte avaient d'abord pour base l'intérêt féodal. L'obligation imposée à tous les habitants d'une paroisse de faire une récolte dans le même temps rendait la perception des dîmes plus facile et plus sûre. L'esprit de privilége y trouvait un autre avantage ; les bans faits par les seigneurs ne l'étaient pas pour eux ; ils leur procuraient la faculté de recueillir leurs récoltes les premiers et de trouver ainsi des ouvriers à meilleur compte, alors que le ban proclamé forçait à l'inaction tous les bras de la contrée.

L'autre origine, l'autre explication des bans de récolte, comme de toutes les applications du système réglementaire à outrance, se trouvent dans la fausse notion des droits et des devoirs de la puissance publique dans l'ordre des phénomènes relatifs à la production, comme à la distribution et à la circulation de la richesse au sein des sociétés. La prétention d'assurer l'excellence des produits du sol amenait logiquement des effets analogues à la prétention de garantir la perfection des produits manufacturés. Les réglements de Colbert se proposaient, entre autres protections, celle de la qualité des tissus ; les anciens ducs de Bourgogne en introduisant le ban des vendanges dans cette province avaient en vue la bonne qualité des vins. Dans un cas comme dans l'autre, l'autorité publique se substituait à l'individu pour l'annihiler ou le tenir en tutelle.

La grande Assemblée qui, en dotant la France d'un droit public nouveau, décrétait la liberté du travail et proclamait la propriété privée « un droit inviolable et sacré », voulut faire disparaître ces anciennes pratiques. Elles sont en effet contraires à la liberté du travail agricole, au respect dû au droit de propriété, aux intérêts de la production et de la consommation, au libre usage des facultés individuelles par Dieu imparties à tout homme.

Aussi la loi du 28 septembre 1791, promulguée le 6 octobre suivant, et connue sous le nom de Code rural, débute-t-elle par cette magnifique déclaration : « Le territoire de la France est libre comme les personnes qui l'habitent. »

Et comme ce grand principe ne comporte pas de conséquence pratique plus simple, plus vulgaire, plus naturelle,
moins compromettante pour les droits rationnels de l'État,
que de laisser les propriétaires et fermiers libres de couper
leurs moissons, leurs foins, leurs diverses récoltes au moment de leur choix, la section 5ᵉ du Code rural de 1791
contient les règles suivantes :

« Nulle autorité ne pourra suspendre ou intervertir les
« travaux de la campagne dans les opérations de la semence
« et des récoltes. »

« Chaque propriétaire sera libre de faire sa récolte, de
« quelque nature qu'elle soit, avec tous instruments et au
« moment qui lui conviendra, pourvu qu'il ne cause aucun
« dommage aux propriétaires voisins. »

Cette déclaration pourrait faire sourire à titre de vérité
d'évidence. On serait autor'sé à se demander pourquoi le
législateur prend la peine de proclamer des droits aussi
élémentaires, si nous pouvions oublier que l'Assemblée
constituante avait à détruire les banalités de l'ancien régime et ces bans, vestiges d'un autre âge, que l'on trouve encore dans nos campagnes au temps où nous vivons.

Par égard pour les habitudes de certaines contrées, le législateur de 1791 crut en effet devoir ajouter ce qui suit :
« Cependant dans les pays où le ban des vendanges est en
« usage, il pourra être fait à cet égard un réglement chaque
« année par le conseil général de la commune, mais seule-
« ment pour les vignes non closes. »

C'est par application de ce texte que les maires dans diverses parties de la France prennent chaque année les
arrêtés par lesquels ils fixent dans leurs communes l'ouverture de la récolte des vignobles, et quiconque se permet de
vendanger avant le jour fixé est dans le cas d'être poursuivi
devant le tribunal de simple police et condamné à une
amende pour cette contravention.

Deux points de droit se dégagent de ces textes.

Il en résulte, en premier lieu, que les auteurs du Code rural de 1791 ont voulu abolir tous les anciens bans de récolte, sauf une seule exception relative au ban des vendanges.

En second lieu, cette unique exception est restreinte elle-même « aux pays où le ban des vendanges est en usage. »

Nous devons rechercher cé que sont devenus ces deux points de droit depuis 1791, dans l'état actuel de la législation et de la jurisprudence. Nous nous demanderons ensuite ce qu'ils deviendraient pour l'avenir, d'après le nouveau Code rural, si le texte soumis à la Chambre des Députés était adopté par elle ?

Nous avons d'abord le regret de constater que l'exception unique de 1791 a été singulièrement étendue.

Déjà sous l'empire de la Constitution de l'an III, nous trouvons un arrêté du Directoire en date du 14 germinal de l'an VI, qui parle des bans de fauchaison et de moisson, dans un article 17 ainsi conçu : « Les administrations mu-« nicipales des cantons ruraux où l'ouverture *des moissons,* « *des vendanges* et de *la fauchaison,* est fixée soit par l'au-« torité publique, soit par les cultivateurs assemblés, veil-« leront à ce que les époques ne soient désignées que dans « les termes du calendrier républicain ; les contraventions « qu'elles toléreront seront dénoncées au ministre de la po-« lice générale. »

Ce texte n'aurait pu servir de base à une jurisprudence reconnaissant la légalité des *bans de moisson* et *de fau-chaison* ; il pouvait indiquer seulement que, malgré la loi de 1791, l'usage illégal de ces bans n'avait pas disparu. Mais, simple acte du pouvoir exécutif, il n'avait pas la puissance d'abroger une loi ; et pour se convaincre qu'il n'y préten-dait point, il suffit de se reporter à son titre d'après lequel ce décret avait pour objet unique « *de prescrire des mesures pour la stricte exécution du calendrier républicain.* »

Un fait plus grave, ayant le caractère législatif, et dont

les conséquences sur la jurisprudence ont été considérables, s'est produit en 1810. L'article 475 n° 1 du Code pénal, en donnant une sanction au ban de vendanges, seul autorisé par le Code rural de 1791, s'est exprimé de la manière suivante : « Seront punis d'amende depuis 6 fr. jusqu'à « 10 fr. inclusivement ceux qui auront contrevenu au ban « de vendanges *ou autres bans autorisés par les règle-* « *ments.* » Ces derniers mots ont ouvert entre les jurisconsultes une vive controverse.

Les uns estiment, avec la Cour de cassation, que ce texte a fait revivre les anciens réglements relatifs aux bans autres que ceux des vendanges, et que le Code pénal de 1810 déroge au Code rural de 1791 dans le sens d'un retour sur ce point à l'ancien système réglementaire.

D'autres juriconsultes, nombreux parmi ceux qui ont écrit sur le droit administratif et sur le droit pénal, et notamment un criminaliste éminent que le respect m'empêche de nommer ici, ont au contraire pensé que l'article 475, n° 1 du Code pénal de 1810, sans réaction par rapport à la règle de 1791 et en la respectant, s'était uniquement proposé d'étendre la sanction pénale à toute loi postérieure et éventuelle qui serait venue élargir le droit de faire des bans, étroitement limité par l'Assemblée constituante. D'ailleurs l'inspiration de cette disposition n'était heureuse à aucun point de vue. Les exposés de motifs et rapports de 1810 ne jettent sur elle aucune lumière. Cette interprétation l'eut au moins rendue inoffensive, en n'admettant pas que ces deux mots pussent suffire pour faire revivre en France, par voie indirecte, les bans de fauchaison, de fenaison, de moisson, abolis en 1791.

La Cour de cassation n'a pas pensé qu'il pût en être ainsi. Un important arrêt de la chambre criminelle du 6 mars 1834 (*Leblan*; Dalloz, 34, 1, 189, et répertoire v° commune n° 773; Sirey, 34, 1, 443) a reconnu la force obligatoire aux arrêtés municipaux proclamant des bans de fauchaison en conformité des anciens usages du pays. Un jugement du 6 janvier 1848 (*Delpech*) a été rendu dans le même sens; et nous ne connaissons pas de décision en sens contraire.

Ainsi dans notre droit actuel, d'après l'article 475 n° 1 du Code pénal ainsi interprété, dans les parties de la France où ces anciens bans étaient en usage, les maires peuvent empêcher les propriétaires, fermiers, cultivateurs, de récolter librement à leur gré leurs foins et leurs grains. Ils peuvent, avec la sanction du code pénal, interdire de faucher et de moissonner avant l'époque fixée par eux.

Le projet de loi, dont la Chambre des Députés est saisie, garde sur ce point un silence absolu. Nouveau Code rural remplaçant celui de 1791, il ne fait pas mention de l'article 475 du Code de 1810, qui joue cependant un si grand rôle dans cette question. Si le législateur contemporain, soucieux de rendre aux droits individuels en matière agricole, le libre exercice dont la grande Assemblée de 1789 a posé le principe, pensait qu'à cet égard il suffit du silence de la loi nouvelle, il se tromperait. Les tribunaux seraient obligés de constater et de juger que l'article 12 du nouveau Code rural, en ne traitant que du ban des vendanges, a laissé subsister, relativement aux bans de moisson et de fauchaison, l'article 475 n° 1 du Code pénal absolument intact, et tel qu'il est interprété par la jurisprudence. Un recours au Conseil d'État pour excès de pouvoir contre ces arrêtés municipaux ne pourrait, après ce vote, avoir plus de succès. L'argument tiré du silence de la loi dans le sens du maintien de la situation existante, puiserait en effet un surcroît de force irrésistible dans un passage de l'exposé des motifs, non contredit jusqu'à ce jour par d'autres documents législatifs. « Dans certains pays, peu nombreux, » porte en effet ce passage de l'exposé des motifs, « il y a des bans de fau- « chaison, des bans de moisson. Le Code rural n'en dit rien; « en cela il imite la loi de 1791, et *donne l'entière liberté de*

« *maintenir ces usages* ou de les laisser tomber en dé-
« suétude. »

Nous croyons avoir montré déjà que, sur un point, ce passage de l'exposé des motifs, emprunté en 1876 (comme
l'œuvre toute entière) au projet de loi de 1868, est entaché
d'erreur ; c'est en ce qu'il impute au Code rural de 1791 d'a-
voir laissé subsister les bans de moisson et de fauchaison. Il
résulte des textes rapportés au début de ce travail, que l'Assemblée constituante a proscrit tous les bans de récoltes, en
disant que « chaque propriétaire sera libre de faire sa récolte
« de quelque nature qu'elle soit au moment qui lui convien-
« dra ; » elle n'a admis qu'une exception qui même, dans
sa pensée, paraissait provisoire, en faveur du seul ban des
vendanges. Sans le texte de 1810, dont l'exposé des motifs
du projet actuel ne fait pas mention, la jurisprudence aurait manqué de base légale pour admettre la force obligatoire des bans de moisson et de fauchaison. L'assertion du
passage cité, relative à la législation de 1791, est donc
inexacte et doit être écartée. Mais ce qui a une grande
portée dans ce passage, unique jusqu'à ce jour, des travaux
préparatoires de la loi mentionnant ces bans de moisson et
de fauchaison, c'est qu'il déclare que le silence du projet de
loi « donne l'entière liberté de les maintenir. » Il est donc
certain que si le projet soumis à la Chambre des députés, et
ainsi expliqué par les précédents et par l'exposé des motifs,
était voté et promulgué sans un nouveau paragraphe ou un
nouvel article proscrivant ces pratiques, leur légalité s'im-
poserait, sans hésitation possible, sans controverse permise
désormais, à la conscience de tous les jurisconsultes, de
tous les interprètes des lois de notre pays. La jurisprudence, encore discutable aujourd'hui, cesserait de l'être de-
main. Le nouveau Code rural l'aurait fortifiée et consacrée.
Il aurait définitivement confirmé l'œuvre de réaction at-
tribuée à l'article 475 n° 1 du Code pénal de 1810. Au lieu

d'être un élément de progrès, et de faire plus et mieux que le Code rural de 1791, il ferait moins sous ce rapport, pour la liberté des héritages, à près d'un siècle de distance.

En ce qui concerne le ban des vendanges lui même, si l'article 12 du projet de loi était voté tel qu'il est actuellement rédigé, la situation serait encore sous ce rapport moins favorable à la liberté économique qu'elle ne l'est aujourd'hui.

Il convient pour s'en convaincre de rapprocher le texte de cet article 12 soumis à la Chambre des députés, du projet primitif présenté par le gouvernement et de l'article déjà cité de la loi de 1791.

LOI DE 1791.	PROJET DU GOUVERNEMENT.	TEXTE VOTÉ PAR LE SÉNAT ET SOUMIS A LA CHAMBRE DES DÉPUTÉS.
Cependant dans les pays où le ban des vendanges est en usage, il pourra être fait à cet égard un réglement chaque année par le Conseil général de la commune, mais seulement pour les vignes non closes.	Dans les lieux où le ban des vendanges est en usage, il peut être supprimé par le Conseil municipal. S'il est maintenu il est réglé chaque année par arrêté du maire. Les prescriptions de cet arrêté ne sont applicables qu'à la vendange des vignes qui ne sont pas closes.	Le ban des vendanges ne pourra être établi ou même maintenu que dans les communes où le Conseil municipal l'aura ainsi décidé par délibération soumise au Conseil général et approuvée par lui. S'il est établi ou maintenu, il est réglé chaque année par arrêté du maire. Les prescriptions de cet arrêté ne sont pas applicables aux vignobles clos de la manière indiquée par l'article 6.

La différence de ces trois rédactions est sensible.

D'après la loi de 1791, l'autorité municipale, libre de maintenir ou non le ban des vendanges dans les communes où il existe déjà, n'a pas le droit de l'introduire dans celles où il n'est pas établi par un ancien usage. En vertu de la loi d'administration municipale du 18 juillet 1837, le maire a seul qualité pour faire le ban des vendanges ; le Conseil municipal ne peut ni l'en empêcher ni l'y contraindre ; et en cas de doute sur les anciens usages de la commune, c'est à l'autorité administrative qu'il appartient de reconnaître leur existence (Cour de cassation, 24 avril 1858 ; Dalloz, 58, 1, 344 ; Sirey, 58, 1, 495).

Le projet du Gouvernement faisait un pas en avant ; il permettait au Conseil municipal d'empêcher le maire d'user du ban des vendanges ; c'était un progrès timide mais réel. D'autre part, le projet gouvernemental continuait à refuser au Conseil municipal le pouvoir de contraindre le maire à faire le ban des vendanges, et ne conférait à aucune autorité le droit de l'établir en dehors des anciens usages. De sorte que ce texte offrait une chance de plus à l'abandon de cette prérogative, sans aggraver en aucun cas la situation.

L'article 12 du projet de loi soumis à la Chambre des Députés permet au contraire au Conseil municipal de forcer le maire à maintenir le ban des vendanges, et, surtout, il lui donne en outre la faculté de *l'établir*, par voie d'innovation et en l'absence de tout usage ancien, dans les communes où il n'existe pas. Il est vrai que ce projet subordonne dans tous les cas la délibération du Conseil municipal à l'approbation du Conseil général. Mais le principe de liberté individuelle dont s'inspire la loi rurale de 1791, ne doit-il pas être indépendant de la volonté des majorités au sein des Conseils administratifs, communaux ou départementaux, aussi bien que de la volonté des administrateurs ? Permettre, au Conseil municipal et au Conseil général, même réunis dans une pensée commune, d'établir à l'avenir le ban des vendanges là où l'usage n'existe pas, n'est-ce pas autoriser ce que le législateur de 1791 avait interdit ? n'est-ce pas leur permettre ce qui est actuellement défendu aux maires ? N'est-ce pas développer l'intervention en cette matière de la puissance publique et aggraver en 1882 ces entraves au droit de propriété et à la liberté du travail dans les campagnes, que le génie de l'Assemblée constituante avait voulu détruire?

Le ban des vendanges ne se justifie d'ailleurs pas mieux que tous les autres. Dans le Bordelais, il n'a pas été pratiqué. Peut-on le considérer comme un moyen d'assurer la réputation des crûs? Peut-on le défendre sérieusement comme un moyen d'empêcher les viticulteurs de faire de mauvais vins? Le conserver à titre d'obstacle au vol des raisins, comme on le prétend d'ordinaire, mènerait, pour être logique, à l'appliquer à toutes les récoltes sans distinction et à détruire la liberté sous prétexte de mieux assurer la police rurale qui doit avoir d'autres moyens d'action.

L'exposé des motifs reconnaît que « cette vieille institu-
« tion gêne la liberté ; force à employer simultanément un
« grand nombre d'ouvriers et de moyens de transport ; fait
« par conséquent hausser le prix de la main d'œuvre ; et
« qu'elle prétend soumettre à une loi uniforme ce qui est
« nécessairement variable, la maturité du raisin... »

Le rapport de la commission sénatoriale reconnaît aussi que « presque partout le ban des vendanges gêne les vigne-
« rons et ne compense par aucun avantage sérieux les en-
« traves qu'il apporte à la liberté de fixer le moment oppor-
« tun de la cueillette du raisin suivant les plans, l'exposition,
« la nature du sol. Néanmoins (ajoute le rapport) nous ne
« croyons pas convenable d'enlever aux administrations lo-
« cales le droit de prendre une mesure dont l'emploi serait
« exceptionnellement justifié. »

Si cette considération doit l'emporter encore sur toutes les autres au sein des Pouvoirs publics, s'ils craignent aussi que la liberté de faire leur récolte à leur gré puisse augmenter le trouble des populations dont les vignobles sont menacés ou ravagés par un fléau terrible, s'ils ne croient pas pouvoir supprimer encore le ban des vendanges, après une expérience de 92 ans, au moins qu'ils ne l'aggravent pas, comme le ferait le projet de loi soumis à la Chambre !

En outre des observations qui précèdent, relatives aux bans de moisson et de fauchaison, et aux bans de vendanges, nous demandons la permission d'en présenter une troisième à propos des *bans de troupeau commun*. L'article 7 du projet de loi actuel se borne à dire : « L'usage du troupeau « en commun n'est pas obligatoire. Tout ayant droit peut « renoncer à cette communauté et faire garder par trou-« peau séparé le nombre de têtes de bétail qui lui est attri-« bué par la répartition générale. » C'est la reproduction des règles écrites dans l'article 12 de la section IV de la loi du 28 septembre 1791.

Est-ce encore faire assez sur ce point, au moment où nous sommes, dans une loi qui veut et qui doit être une loi de progrès ?

Une jurisprudence constante de la Chambre criminelle de la Cour de cassation (arrêts des 9 février 1838, 29 juillet 1833 et 29 décembre 1841), contrairement à un arrêt de la Chambre des requêtes du 8 mai 1838, a décidé que ces dispositions du Code rural de 1791 confèrent aux maires, dans les pays de vaine pâture, le droit de faire des *bans de troupeau commun*, interdisant à deux ou plusieurs habitants de réunir leurs bestiaux sous la garde d'un pâtre, choisi et salarié par eux. Par suite de cette règle, on a vu de pauvres gens ayant chacun une vache, condamnés à l'amende pour les avoir réunies et placées sous la garde de l'enfant de l'un d'eux.

Depuis le vote du Sénat, un arrêt de la Chambre criminelle du 28 novembre 1879 (*Bossu*), confirmant et développant cette jurisprudence, a même jugé que la réunion de bestiaux appartenant à divers propriétaires ou fermiers en un seul troupeau était interdite, même en l'absence de tout arrêté municipal organisant le troupeau commun ou nommant le pâtre commun. D'après cet arrêt, l'interdiction résulte de plein droit du texte de 1791 (reproduit par l'article 7 du nouveau projet de Code rural) ; il suffit que le troupeau commun soit constitué et le pâtre nommé suivant l'usage des lieux, pour qu'il y ait contravention dans le fait du troupeau collectif indépendant.

Ainsi, dans les pays de vaine pâture, chaque propriétaire ou fermier a le droit absolu, depuis 1791, d'envoyer paître séparément ses bestiaux sous la garde d'un de ses enfants ou domestiques ; mais il lui est interdit de s'entendre avec d'autres pour n'avoir qu'un pâtre pour plusieurs ; il faut autant de pâtres qu'il y a de propriétaires différents ; l'article 479 § 10 du Code pénal les atteint s'ils réunissent les mêmes bestiaux sous la garde d'un seul pâtre. Le troupeau commun ne fait pas obstacle au troupeau séparé, c'est-à-dire au troupeau solitaire ; il entraîne la proscription du troupeau collectif. Il en résulte, en fait, que pour éviter le tribunal de simple police, les cultivateurs qui ne veulent pas du troupeau commun, doivent envoyer aux champs 2, 3, 4, 5 enfants ou adultes, pour faire la besogne d'un seul.

Sur ce point encore, le législateur aura-t-il assez fait, par le vote d'un texte maintenant et confirmant implicitement cette jurisprudence.

Cet état de choses est-il en harmonie avec les remarquables déclarations du Code rural de 1791 que nous avons reproduites dans la première partie de ce travail, et avec cette autre que nous en extrayons encore : « tout proprié-« taire ou fermier pourra renoncer à l'usage du troupeau « en commun ? »

Est-il aussi en harmonie avec le respect absolu du droit de propriété et la liberté du travail ? avec les lois économiques qui condamnent l'inutile déperdition des forces productives ? et, suivant l'âge des pâtres, avec l'intérêt agricole qui réclame des bras, ou avec l'immense effort qu'accomplit de nos jours la société française pour le développement de l'instruction publique ?

Enfin toute cette partie de notre législation positive actuelle et du projet de Code rural est-elle en harmonie avec la base même des institutions politiques de la France ? Ces règles, existantes ou projetées, qui supposent au propriétaire une capacité incomplète pour gérer lui-même son étable, ses prairies, ses vignes ou ses champs, sont-elles conciliables avec nos Constitutions qui, par l'universalité du suffrage, donnent à chaque citoyen une part d'action égale sur les destinées mêmes de la patrie ?

Orléans. — Imp. Ernest Colas.